La politique de la moindre emmerde

Pascale CHEVRIN-RAMON

La politique de la moindre emmerde

Essai

En application de l'art. L.137-2.-I. du code de la propriété intellectuelle, toute reproduction et/ou divulgation de parties de l'oeuvre dépassant le volume prévu par la loi est expressément interdite.

© Pascale CHEVRIN-RAMON, 2025

Édition : BoD · Books on Demand, 31 avenue Saint-Rémy, 57600 Forbach, bod@bod.fr
Impression : Libri Plureos GmbH, Friedensallee 273, 22763 Hamburg (Allemagne)

ISBN : 978-2-3225-9533-4
Dépôt légal : Mai 2025

À mon mari,

Pour nos conversations sans fin sur les chemins de randonnée,
Pour ton art de poser les questions qui dérangent et éclairent,
Pour ta capacité à voir la simplicité là où je ne voyais que complications,
Pour avoir fait de notre quotidien un laboratoire vivant de cette "politique de la moindre emmerde".
Ces réflexions portent l'empreinte de nos échanges et la marque de ta sagacité. Ce livre est aussi le tien.

À mon fils Mathieu,

Héritier de ces réflexions et porteur de leur avenir,
Pour que ces pages t'accompagnent sur ton propre chemin
Et t'inspirent à trouver ta voie vers l'essentiel.

Avec toute ma gratitude et mon amour pour ce chemin parcouru ensemble.

SOMMAIRE

Introduction :
La politique de la moindre emmerde - art de vivre ou fuite du réel ?..........9

Partie I :
Anatomie des "emmerdes" - Comprendre pour prévenir..........13

A. Définition et typologie des complications évitables..........13

B. Les mécanismes génératifs des complications..........16

C. La dimension sociologique du problème..........21

Partie II : L'art de la prévoyance raisonnée..........27

A. Principes fondamentaux d'une éthique de l'anticipation..........27

B. Applications concrètes par sphères de vie..........30

C. Pédagogie de la prévoyance..........39

Partie III : Dialectique - Limites, paradoxes et dépassements..........45

A. Les frontières de la prévention..........45

B. Les paradoxes d'une "politique de la moindre emmerde" mal comprise..........49

C. Vers une sagesse pratique intégrée..........54

Partie IV : Perspectives et propositions..........61

A. Implications philosophiques..........61

B. Dimensions politiques et sociétales..........68

C. Vers une culture de la lucidité bienveillante..........74

Conclusion : Au-delà de l'évitement, une éthique de la fluidité consciente..........83

Annexe : Les GBS (Gros Bon Sens)..........89

Introduction..........89

Série GBS - Volume 1..........91

Introduction :
La politique de la moindre emmerde
art de vivre ou fuite du réel ?

Formulée ainsi, l'expression fera sourire les uns, froncer les sourcils des autres — et peut-être les deux réactions chez certains. Mais au-delà du caractère familier de cette formulation, qui n'a jamais aspiré à une existence où les complications inutiles, les problèmes évitables et les crises prévisibles seraient maintenus à distance raisonnable ? Derrière cette expression triviale se cache peut-être l'une des aspirations les plus universelles et pourtant les moins théorisées de notre condition humaine : comment vivre bien en s'épargnant ce qui peut raisonnablement l'être ?

Si les philosophes antiques parlaient de prudence, d'ataraxie ou de sagesse pratique, notre époque a fait du contournement des "emmerdes" un art de vivre souvent inavoué mais omniprésent. Dans une société où la complexité s'accroît de façon exponentielle, où les sources de friction se multiplient entre administrations kafkaïennes, relations numériques et obligations quotidiennes, cette aspiration prend un relief particulier. Ne sommes-nous pas collectivement épuisés par ce que nous pourrions appeler, pour rester dans le registre familier, le "bordel évitable" ?

Pourtant, cette quête de la simplicité et de la fluidité pose question. Chercher à éviter les complications, est-ce faire preuve de sagesse pragmatique ou de lâcheté face au réel ? Est-ce une forme d'intelligence stratégique ou un symptôme de notre incapacité contemporaine à affronter la rugosité du monde ? Car derrière cette apparente évidence — qui souhaiterait plus de problèmes ? — se cachent des enjeux profonds touchant à notre rapport au temps, aux autres et à l'idée même de responsabilité.

Notre époque semble particulièrement propice à cette réflexion. D'un côté, jamais les outils de prévision, de planification et d'organisation n'ont été aussi perfectionnés et accessibles. De l'autre, jamais peut-être l'impression de naviguer dans un monde chaotique, imprévisible et semé d'obstacles n'a été aussi vive. Cette tension mérite qu'on s'y arrête. Non pour promettre une vie sans accrocs — ambition illusoire s'il en est — mais pour explorer ce que pourrait être une véritable éthique de la prévoyance raisonnée.

Cet essai ne prétend pas offrir un guide clé en main du parfait "éviteur" d'emmerdes. Il propose plutôt un cheminement, de l'analyse des sources de nos complications évitables à l'esquisse d'une sagesse pratique adaptée à notre temps. Nous explorerons d'abord l'anatomie de ces fameuses "emmerdes" — comment les définir, les catégoriser, comprendre leurs mécanismes générateurs. Puis nous examinerons les principes d'une prévoyance bien comprise et ses applications concrètes dans différentes sphères de notre existence. Nous confronterons ensuite cette approche à ses limites et paradoxes : peut-on vraiment anticiper l'imprévisible ? L'évitement systématique n'est-il pas lui-même source de nouveaux problèmes ? Enfin, nous verrons comment cette "politique" pourrait s'inscrire dans une perspective plus large, touchant tant à notre développement personnel qu'à notre vie collective.

Car il s'agit bien, au fond, de réconcilier deux aspirations apparemment contradictoires : celle de la sérénité, de la fluidité, de l'harmonie, et celle de l'engagement plein et entier dans l'existence, avec ce qu'elle comporte nécessairement d'imprévu, de friction et de défi. Entre l'obsession du contrôle et l'abandon au chaos, n'y aurait-il pas une voie médiane, celle d'une lucidité bienveillante face à ce qui peut — et ce qui ne peut pas — être anticipé ?

Alors, cette politique de la moindre emmerde : simple bon sens élevé au rang de principe, ou véritable art de vivre à redécouvrir et à cultiver ? C'est à cette exploration que je vous invite, sans prétention à l'exhaustivité, mais avec la conviction que derrière cette question apparemment anodine se jouent des choix fondamentaux sur notre manière d'habiter le monde.

ANATOMIE DES 'EMMERDES'
Comprendre pour prévenir

Partie I :
Anatomie des "emmerdes" - Comprendre pour prévenir

A. Définition et typologie des complications évitables

Clarification sémantique : du langage familier à une conceptualisation plus rigoureuse

Commençons par appeler un chat un chat — ou plutôt une "emmerde" une emmerde. Le terme, bien que familier, possède cette qualité rare de dire directement et sans détour ce dont nous parlons tous. Ces situations où l'on se dit, souvent après coup : "Si j'avais su...", "J'aurais dû prévoir que...", ou le classique "Je me serais bien passé de ça".

Tentons une définition opérationnelle : une "emmerde", dans le sens qui nous intéresse, est une complication, un désagrément ou un problème qui aurait raisonnablement pu être évité par une action anticipatrice ou une inaction judicieuse. C'est cette dimension d'évitabilité qui distingue l'"emmerde" de l'épreuve existentielle, de l'adversité féconde ou du défi nécessaire. L'emmerde n'est pas noble, elle n'est pas initiatique, elle est essentiellement... dispensable.

Les puristes préféreront peut-être parler de "complications évitables", de "frictions non nécessaires" ou de "problèmes anticipables". Qu'importe le flacon, pourvu qu'on ait l'ivresse — ou plutôt, en l'occurrence, qu'on l'évite.

Catégorisation : emmerdes matérielles, relationnelles, administratives, professionnelles

Notre vie quotidienne connaît une riche typologie d'"emmerdes", qu'on pourrait classer en plusieurs grandes familles :

Les **emmerdes matérielles** tout d'abord, celles qui concernent nos possessions et notre environnement physique. La panne qui aurait pu être évitée par un entretien régulier, l'objet perdu faute d'avoir créé un lieu dédié pour le ranger, le vêtement taché parce qu'on mangeait en faisant autre chose, l'appareil qui tombe en panne juste après la fin de la garantie.

Les **emmerdes relationnelles** ensuite, peut-être les plus douloureuses. Le malentendu qui dégénère faute d'une explication claire, la promesse oubliée qui froisse, le message ambigu qui crée une tension inutile, la confidence trahie par négligence, le retard chronique qui signale une forme de mépris non intentionnel mais bien réel.

Les **emmerdes administratives**, probablement les plus universellement détestées. Le formulaire incomplet qu'il faut refaire, le délai manqué qui entraîne des pénalités, la domiciliation bancaire oubliée, l'assurance qui ne couvre pas ce qu'on croyait qu'elle couvrait, le contrat non lu qui réserve des surprises désagréables.

Les **emmerdes professionnelles**, terrain fertile s'il en est. La réunion qui aurait pu tenir en un email, le projet mal défini qui part dans tous les sens, la communication défaillante qui génère des malentendus coûteux, la tâche importante repoussée jusqu'à l'urgence, le client dont les attentes n'ont pas été correctement cadrées.

À cette liste non exhaustive, on pourrait ajouter les **emmerdes numériques** (le mot de passe oublié, la sauvegarde inexistante, la mise à jour fatale), les **emmerdes financières** (l'achat impulsif regretté, le crédit mal calculé), ou encore les **emmerdes sanitaires** (le problème de santé ignoré jusqu'à ce qu'il s'aggrave, le rendez-vous médical reporté trop longtemps).

Échelle de gravité : des contrariétés mineures aux catastrophes évitables

Toutes les "emmerdes" ne se valent pas, et il convient d'établir une forme d'échelle de Richter des complications évitables :

Au niveau le plus bas, les **micro-contrariétés** : oublier ses clés, rater son bus de quelques secondes, ne pas retrouver le document dont on a besoin immédiatement. Irritantes mais rarement conséquentes, elles sont pourtant révélatrices de nos schémas de fonctionnement.

À un niveau intermédiaire, les **complications substantielles** : une panne majeure faute d'entretien, une date limite professionnelle manquée, un conflit relationnel qui aurait pu être évité. Leurs conséquences se font sentir pendant des jours, parfois des semaines, et mobilisent une énergie considérable pour être résolues.

Au sommet de cette échelle, les **catastrophes évitables** : l'épargne de toute une vie perdue dans un placement hasardeux, la relation essentielle brisée par l'accumulation de non-dits, la carrière compromise par un email envoyé sous le coup de la colère, la santé durablement affectée par des années de négligence. Ces situations graves partagent pourtant avec les plus légères cette caractéristique d'avoir pu, avec une autre approche, être largement évitées ou atténuées.

B. Les mécanismes génératifs des complications

Facteurs cognitifs : procrastination, imprévoyance, pensée à court terme

Notre cerveau, merveille d'évolution, reste paradoxalement mal équipé pour l'anticipation rationnelle. Plusieurs mécanismes cognitifs nous prédisposent à la génération régulière d'"emmerdes" évitables.

La **procrastination**, tout d'abord, ce report systématique de ce qui est important mais non urgent. Nous remettons à demain la vérification de la chaudière, la sauvegarde de nos données, la conversation difficile mais nécessaire. Et, comme le dit l'adage, "demain" se transforme souvent en "jamais" — jusqu'à ce que la situation devienne critique.

L'**imprévoyance**, ensuite, cette incapacité à projeter mentalement les conséquences de nos actions ou de nos inactions. "Ça ira bien comme ça" est peut-être la phrase qui précède le plus souvent la naissance d'une future "emmerde". Ce n'est pas tant de l'optimisme que de la paresse cognitive : visualiser les chemins causaux possibles demande un effort que nous préférons souvent esquiver.

La **pensée à court terme**, enfin, cette préférence marquée pour la satisfaction immédiate au détriment du bien-être futur. Nous sommes biologiquement programmés pour privilégier l'immédiateté — un avantage évolutif dans un environnement de rareté, mais un handicap sérieux dans notre monde d'abondance et de complexité. L'achat impulsif qui déséquilibre le budget, le mail envoyé dans la colère qu'on regrettera demain, le plaisir éphémère qui hypothèque la santé future : autant d'exemples de cette myopie temporelle.

Facteurs psychologiques : dénégation, optimisme excessif, aversion pour les détails

Au-delà des biais cognitifs, certains mécanismes psychologiques plus profonds contribuent à notre talent pour nous créer des problèmes.

La **dénégation**, d'abord, ce refus inconscient de voir ce qui pourrait nous inquiéter. "Mon moteur fait un bruit bizarre ? C'est sûrement rien." Ce mécanisme de défense, qui vise initialement à préserver notre tranquillité d'esprit, finit paradoxalement par créer des situations bien plus anxiogènes lorsque le problème ignoré s'aggrave inévitablement.

L'**optimisme excessif**, ensuite, cette conviction que tout se passera toujours bien, que nous sommes d'une manière ou d'une autre exemptés des lois de la probabilité. "Je n'ai pas besoin de vérifier, ça marchera forcément" ; "Je n'ai jamais eu d'accident, pourquoi maintenant ?" ; "Les délais sont serrés mais on y arrivera." Cet optimisme, s'il peut être une force dans certains contextes, devient un handicap majeur lorsqu'il nous empêche d'envisager et de prévenir les scénarios défavorables.

L'**aversion pour les détails**, enfin, cette tendance à survoler plutôt qu'approfondir. "Je lirai les petites lignes plus tard" ; "Je suis sûr que c'est standard" ; "Je n'ai pas le temps pour ces détails." C'est pourtant souvent dans ces détails négligés que se nichent les futures complications : la clause contractuelle incomprise, l'instruction ignorée, l'information cruciale manquée.

Facteurs sociaux : normes culturelles concernant la planification vs spontanéité

Nos "emmerdes" ont aussi une dimension culturelle. Les sociétés, comme les individus, développent des rapports différents à l'anticipation et à la prévoyance.

Certaines cultures valorisent fortement la **spontanéité** et l'improvisation, parfois au détriment de la planification. "On verra bien" devient alors une philosophie de vie, qui peut être source de créativité et d'adaptabilité, mais aussi génératrice de complications évitables. À l'inverse, d'autres traditions culturelles privilégient la **prévision** et l'organisation minutieuse, quitte à perdre en flexibilité et en capacité d'adaptation aux imprévus.

Notre époque contemporaine présente un paradoxe intéressant : d'un côté, elle a développé des outils de planification et d'anticipation sans précédent (agendas numériques, rappels automatiques, algorithmes prédictifs) ; de l'autre, elle célèbre l'instant présent, la flexibilité permanente et la réinvention constante, créant ainsi un environnement où la prévoyance devient simultanément plus accessible et moins valorisée.

Les **rythmes sociaux** jouent également un rôle majeur. L'accélération constante de nos vies, la multiplication des sollicitations et l'injonction à l'hyperréactivité créent un contexte favorable à l'émergence de complications : nous n'avons simplement plus le temps de penser avant d'agir, de vérifier avant d'envoyer, de planifier avant de nous lancer.

Facteurs systémiques : complexité administrative, règles contradictoires, manque de clarté institutionnelle

Si nos "emmerdes" résultent en partie de nos propres comportements, elles sont aussi le produit des systèmes dans lesquels nous évoluons.

La **complexité administrative** croissante de nos sociétés est un générateur particulièrement efficace de complications. Formulaires incompréhensibles, procédures labyrinthiques, exigences changeantes : l'interface entre le citoyen et les institutions semble parfois conçue pour maximiser les occasions de se tromper.

Les **règles contradictoires** constituent un autre facteur systémique important. Combien de fois nous retrouvons-nous dans des situations où respecter une règle nous fait enfreindre une autre ? Ces injonctions paradoxales sont particulièrement fécondes en complications, créant des situations où l'"emmerde" semble inévitable quelle que soit l'option choisie.

Le **manque de clarté institutionnelle**, enfin, cette opacité qui caractérise tant d'organisations contemporaines. Qui est responsable de quoi ? À qui s'adresser pour résoudre un problème spécifique ? Quelles sont les procédures à suivre ? L'absence de réponses claires à ces questions transforme la moindre démarche en parcours potentiellement semé d'embûches.

C. La dimension sociologique du problème

Inégalités face aux "emmerdes" : capital social, culturel et économique comme facteurs de résilience

Toutes les "emmerdes" ne sont pas démocratiquement réparties, et tous les individus ne sont pas égaux face à elles. Trois formes de capital influencent profondément notre capacité à les éviter ou à les résoudre.

Le **capital économique**, tout d'abord, cette évidence qu'on oublie parfois : l'argent permet d'externaliser une grande partie des complications potentielles. De l'assurance premium qui couvre tous les risques au service de conciergerie qui gère les tracas quotidiens, en passant par le conseiller juridique qui anticipe les pièges contractuels, les ressources financières constituent un bouclier efficace contre bien des "emmerdes".

Le **capital social** ensuite, ce réseau de relations et de contacts qui peut transformer une situation apparemment inextricable en simple formalité. "Je connais quelqu'un qui pourra t'aider" est une phrase qui sépare souvent ceux qui se débattent pendant des semaines avec un problème de ceux qui le résolvent en quelques heures.

Le **capital culturel**, enfin, cette familiarité avec les codes, les pratiques et les attentes implicites des institutions. Savoir comment fonctionne "vraiment" l'administration, maîtriser le langage technique d'un domaine, comprendre intuitivement ce qui est attendu dans une situation donnée : autant de compétences qui permettent d'anticiper et d'éviter de nombreuses complications.

Ces inégalités soulèvent une question importante : une "politique de la moindre emmerde" peut-elle être autre chose qu'un privilège réservé aux plus favorisés ? Comment rendre cette prévoyance accessible à tous, indépendamment des ressources économiques, sociales et culturelles ?

Transmission intergénérationnelle : héritage de stratégies d'évitement ou d'affront

Nos manières de faire face aux complications potentielles ne sont pas uniquement le fruit de nos expériences personnelles : elles s'inscrivent dans des lignées, des transmissions, des héritages familiaux et sociaux.

Certaines familles développent et transmettent de véritables **cultures de la prévoyance** : on y apprend dès l'enfance à anticiper, à planifier, à se prémunir contre les aléas prévisibles. "Toujours avoir un plan B", "Vérifier deux fois plutôt qu'une", "Ne jamais remettre à demain" : ces maximes, transmises tant par le discours que par l'exemple, façonnent des individus naturellement orientés vers l'anticipation.

D'autres lignées valorisent davantage la **réactivité et l'adaptation** : on y apprend moins à prévenir qu'à réagir efficacement lorsque le problème survient. "On trouvera une solution", "On s'en sortira comme d'habitude", "C'est dans les moments difficiles qu'on devient créatif" : cette approche, si elle peut sembler plus risquée, développe d'autres compétences tout aussi précieuses.

Cette transmission ne se fait pas seulement au niveau familial mais aussi au niveau des groupes sociaux et professionnels. Certains métiers cultivent ainsi une véritable **expertise de l'anticipation** (le contrôleur aérien, le chirurgien, l'ingénieur en sécurité), tandis que d'autres semblent, à première vue, valoriser davantage la **capacité à gérer l'imprévu**.

Prenons l'exemple du pompier : si l'image populaire suggère un professionnel de l'improvisation face au chaos, la réalité est plus nuancée. Le pompier n'affronte pas l'urgence par la seule improvisation — il s'appuie sur un arsenal complet de procédures, de formations systématiques et d'entraînements rigoureux. Sans cette préparation méthodique, il mettrait sa vie en danger. Ce qui fait l'excellence du pompier, comme du négociateur ou du trader, c'est précisément cette capacité à combiner une préparation exhaustive avec une adaptabilité contextuelle quand la situation réelle diverge du scénario prévu. Ces professions nous montrent que l'opposition entre anticipation et adaptation est souvent artificielle : les deux approches se complètent et se renforcent mutuellement.

Variations culturelles : approches comparées entre différentes sociétés

Les "emmerdes" et nos manières de les gérer s'inscrivent également dans des cadres culturels plus larges, qui varient considérablement d'une société à l'autre.

Certaines cultures, notamment celles marquées par une **forte orientation vers le long terme** (comme on l'observe dans plusieurs sociétés est-asiatiques), tendent à valoriser particulièrement la prévoyance, l'anticipation et la planification minutieuse. L'éducation y insiste sur la persévérance, l'épargne et la préparation méticuleuse.

D'autres traditions culturelles, souvent caractérisées par une plus grande **tolérance à l'incertitude** (comme on peut l'observer dans certaines sociétés méditerranéennes ou latino-américaines), développent davantage des compétences d'improvisation, d'adaptation et de résolution créative des problèmes lorsqu'ils surviennent.

Les sociétés diffèrent également dans leur rapport à la **responsabilité** face aux complications. Dans certaines cultures, l'individu est considéré comme principalement responsable de ses propres "emmerdes" ; dans d'autres, la famille, la communauté ou les institutions sont davantage impliquées dans leur prévention et leur résolution.

Ces variations culturelles ne sont pas anecdotiques : elles façonnent profondément nos comportements quotidiens, de la manière dont nous planifions (ou non) nos journées à notre façon de concevoir l'épargne, en passant par notre rapport au temps et aux échéances.

Comprendre ces différences nous permet d'enrichir notre propre répertoire de stratégies face aux complications potentielles, en puisant dans la sagesse pratique de traditions diverses plutôt que de nous limiter aux approches familières de notre propre environnement culturel.

Partie II : L'art de la prévoyance raisonnée

Après avoir disséqué l'anatomie de nos "emmerdes" quotidiennes, penchons-nous sur ce qui pourrait constituer l'antidote : une prévoyance qui ne relève ni de l'obsession contrôlante, ni de la simple chance du débutant, mais bien d'un art à part entière, fait de principes assimilables et de pratiques concrètes.

A. Principes fondamentaux d'une éthique de l'anticipation

Le principe d'économie d'énergie mentale : réfléchir une fois pour agir sereinement

Contrairement à une idée reçue, l'anticipation n'est pas une surcharge mentale — elle est, à terme, une économie substantielle. Nous avons tous fait l'expérience de ces situations où quelques minutes de réflexion préalable nous auraient épargné des heures de rectification laborieuse. Le principe est simple mais puissant : investir du temps de cerveau en amont pour en libérer bien davantage par la suite.

Cette économie se manifeste non seulement en temps objectif, mais aussi en ce qu'on pourrait appeler la "charge cognitive". Combien d'entre nous se sont retrouvés à ruminer continuellement une tâche non accomplie, un message non envoyé, un problème laissé en suspens ? Ce poids mental diffus est souvent bien plus épuisant que l'effort concentré qu'aurait demandé la résolution immédiate du problème.

La prévoyance bien comprise est ainsi une forme d'investissement : un coût initial certes, mais un rendement assuré. Comme le notait déjà Benjamin Franklin : "*Un gramme de prévention vaut un kilo de guérison*" — et l'équation est probablement encore plus favorable en termes d'énergie mentale.

Le principe de visibilité : rendre explicites les conséquences potentielles

L'un des obstacles majeurs à l'anticipation est notre difficulté naturelle à visualiser clairement les conséquences de nos actions ou inactions. Nos "emmerdes" futures, n'existant pas encore, restent abstraites et lointaines face à l'immédiateté de nos désirs ou de notre confort présent.

Une prévoyance efficace passe donc par un effort délibéré pour rendre visibles — presque tangibles — ces conséquences potentielles. Non pas pour sombrer dans l'anxiété paralysante, mais pour informer nos décisions d'aujourd'hui à la lumière de leurs impacts probables.

Cette visualisation peut prendre différentes formes : l'exercice mental "et si..." (que se passerait-il si je ne vérifiais pas ce contrat avant de le signer ?), la projection écrite (lister les scénarios possibles), ou encore le partage avec un tiers (exposer son plan à quelqu'un d'autre pour bénéficier d'un regard extérieur).

Notre époque numérique offre d'ailleurs des outils puissants pour cette mise en visibilité : des rappels automatiques aux projections financières, en passant par les systèmes d'alerte personnalisés. L'enjeu n'est pas de multiplier ces outils, mais de les utiliser stratégiquement pour rendre perceptible ce qui, sans eux, resterait dans l'angle mort de notre attention.

Le principe d'intégration temporelle : connecter présent et futur dans les décisions

Si nous générons tant d'"emmerdes" évitables, c'est en grande partie parce que nous vivons dans un présent déconnecté de notre futur — comme si notre "moi" de demain était un étranger dont les problèmes ne nous concernent pas vraiment.

L'art de la prévoyance consiste précisément à réintégrer ces temporalités fragmentées, à prendre des décisions qui honorent à la fois nos besoins présents et nos intérêts futurs. Non pas sacrifier l'un à l'autre, mais créer des ponts entre ces dimensions temporelles de nous-mêmes.

Cette intégration demande un certain entraînement, une capacité à élargir notre "présent psychologique" pour y inclure non seulement l'instant immédiat, mais aussi un avenir raisonnablement prévisible. Non pas vivre constamment dans le futur — ce qui serait une autre forme de dissociation — mais habiter un présent suffisamment vaste pour intégrer les trajectoires probables de nos actions.

Des études en psychologie cognitive montrent d'ailleurs que cette capacité d'intégration temporelle est l'un des prédicteurs les plus fiables du succès dans divers domaines, de l'épargne à la santé, en passant par les relations durables. Elle semble être non pas un don inné, mais une compétence qui se cultive par la pratique régulière.

B. Applications concrètes par sphères de vie

Sphère personnelle

⇒ Relations : communication préventive, attentes claires

Dans le domaine relationnel, la prévoyance prend souvent la forme d'une communication proactive. Combien de tensions auraient pu être évitées par une simple clarification préalable des attentes et des limites de chacun ?

Cette communication préventive ne signifie pas anticiper tous les problèmes possibles — ce qui rendrait toute relation étouffante — mais plutôt créer les conditions d'un dialogue ouvert avant que les malentendus ne s'installent et se cristallisent. "Je ne serai pas disponible cette semaine" est infiniment moins problématique que "Pourquoi tu ne réponds jamais à mes messages ?" suivi de "Tu es toujours sur mon dos !"

De même, l'établissement d'attentes claires et réalistes constitue un bouclier particulièrement efficace contre les déceptions évitables. Nul besoin d'être devin pour savoir qu'un ami chroniquement en retard le sera probablement encore, qu'un partenaire qui déteste les surprises n'appréciera pas votre fête improvisée, ou qu'un collègue débordé ne répondra pas instantanément à votre demande.

L'art consiste ici non pas à exiger que les autres changent, mais à adapter nos attentes à la réalité observable, et à communiquer clairement nos propres limites et possibilités.

⇒ **Finances : planification, prévoyance, simplicité volontaire**

Le domaine financier est probablement celui où l'absence de prévoyance se paie au prix fort — littéralement. L'histoire classique du crédit contracté impulsivement et remboursé douloureusement, de l'achat coup de cœur qui grève le budget pendant des mois, ou de la facture inattendue qui fait vaciller tout l'équilibre financier...

Une prévoyance financière efficace repose sur trois piliers complémentaires :

La **planification** d'abord, qui consiste à établir un cadre réaliste de ses revenus et dépenses, non pour s'y enfermer rigidement, mais pour naviguer en connaissance de cause. À l'ère numérique, des outils simples permettent de visualiser ces flux sans y consacrer des heures. L'important n'est pas la précision absolue, mais la conscience générale de sa situation.

La **prévoyance** ensuite, sous forme d'épargne de sécurité. Les experts financiers recommandent généralement l'équivalent de trois à six mois de dépenses courantes facilement accessibles — non pour céder à l'anxiété, mais pour transformer les urgences potentielles en simples contretemps gérables.

La **simplicité volontaire** enfin, non comme ascèse punitive, mais comme choix délibéré de réduire sa vulnérabilité aux imprévus financiers. Moins de dépenses fixes, moins de crédits à rembourser, moins de dépendance à un niveau de revenu précis équivaut mathématiquement à plus de résistance aux chocs économiques.

⇒ **Santé : maintenance vs réparation, habitudes préventives**

"Il vaut mieux prévenir que guérir" — cet adage médical séculaire n'a rien perdu de sa pertinence. Pourtant, notre rapport à la santé reste souvent réactif plutôt que préventif. Nous attendons que le corps lance des signaux d'alarme bruyants avant de lui accorder l'attention qu'il mérite.

L'approche préventive consiste à adopter une logique de maintenance plutôt que de réparation, à traiter notre corps comme un système complexe qui mérite un soin continu plutôt qu'une intervention d'urgence.

Dans la pratique, cette approche se traduit par des habitudes préventives simples mais puissantes : sommeil régulier, alimentation équilibrée, activité physique adaptée, gestion du stress, bilans de santé périodiques. Ces pratiques n'ont rien d'ésotérique — leur efficacité est amplement documentée — mais elles demandent une constance qui va à contre-courant de notre culture de l'immédiateté.

Le paradoxe est qu'une telle approche préventive demande peu d'efforts quotidiens comparée aux conséquences potentielles de sa négligence. Quelques minutes d'étirements par jour sont un investissement modeste face aux semaines d'immobilisation que peut entraîner un dos bloqué et ses désagréments collatéraux (douleurs, arrêt maladie et jours de carence, vie du quotidien suspendue engendrant d'autres ennuis, impossibilité de s'occuper de ses enfants ou de ses proches, rendez-vous manqués, engagements non tenus...).

Sphère professionnelle

⇒ Organisation : systèmes simples et robustes

La sphère professionnelle, avec ses multiples sollicitations et ses enjeux souvent importants, constitue un terrain particulièrement fertile pour les "emmerdes" évitables.

L'antidote n'est pas nécessairement un excès d'organisation, mais plutôt des systèmes à la fois simples et robustes.

La simplicité est cruciale : plus un système est complexe, plus il est vulnérable aux défaillances. Un agenda surchargé de codes couleurs incompréhensibles, un classement de documents tellement sophistiqué qu'on ne s'y retrouve plus, une cascade de tâches interdépendantes où le moindre retard paralyse tout le processus... Ces systèmes trop élaborés finissent souvent par créer plus de problèmes qu'ils n'en résolvent.

La robustesse est tout aussi importante : un bon système doit pouvoir absorber une certaine dose d'imprévu sans s'effondrer. Cela passe généralement par l'intégration de marges temporelles réalistes, la redondance des informations importantes, et la limitation des dépendances critiques.

L'approche préventive se traduit ici par des pratiques simples mais efficaces : confirmer les rendez-vous la veille, garder une trace écrite des décisions importantes, prévoir systématiquement un "plan B" pour les éléments critiques d'un projet, anticiper les goulets d'étranglement prévisibles...

⇒ **Gestion d'équipe : clarté des attentes, feedback régulier**

Dans la gestion d'équipe, la plupart des "emmerdes" trouvent leur origine dans des attentes mal définies ou mal communiquées. Le collaborateur qui comprend de travers une consigne, le manager qui découvre trop tard que le travail ne correspond pas à ses besoins, l'équipe qui s'épuise dans une direction que personne n'a vraiment validée...

La prévoyance passe ici par une clarté maximale sur les objectifs, les rôles et les critères de réussite. Non pas sous forme de documents administratifs interminables que personne ne lit, mais à travers une communication vivante, répétée et illustrée par des exemples concrets.

Le feedback régulier constitue le second pilier de cette approche préventive. Non pas le traditionnel entretien annuel — généralement trop tardif pour être vraiment utile — mais un cycle court de retours qui permet les ajustements en temps réel. Mieux vaut une réorientation légère au bout de quelques jours qu'une remise en question massive après des mois d'effort dans une direction inadéquate.

Ces pratiques ne garantissent évidemment pas l'absence de tout problème, mais elles permettent de transformer des crises potentielles en simples ajustements de parcours.

⇒ **Projets : anticipation des points de friction, marges de sécurité**

La gestion de projet est peut-être le domaine où la prévoyance est la plus explicitement valorisée, à travers des méthodologies formalisées et des outils dédiés. Pourtant, l'expérience commune montre que les dérapages de délais, de budgets et de périmètre restent la norme plutôt que l'exception.

Une approche véritablement préventive ne consiste pas à planifier chaque minute dans un illusoire déterminisme, mais plutôt à identifier les zones de vulnérabilité probables et à intégrer des marges de sécurité réalistes.

L'anticipation des points de friction passe par une analyse honnête des risques, privilégiant le retour d'expérience sur l'optimisme de façade. Quelles étapes ont posé problème dans des projets similaires ? Quelles dépendances externes pourraient créer des blocages ? Quelles compétences manquent potentiellement à l'équipe ?

Les marges de sécurité, souvent négligées sous la pression des délais serrés, constituent pourtant l'assurance-vie des projets. La loi de Hofstadter le rappelle avec humour : "Tout prend toujours plus de temps qu'on ne le pense, même en tenant compte de la loi de Hofstadter." Intégrer cette réalité dans la planification n'est pas du pessimisme, mais du réalisme préventif.

Sphère citoyenne

⇒ Civisme quotidien : respect préventif des règles collectives

À l'échelle citoyenne, la prévoyance prend souvent la forme d'un civisme préventif — cette conscience que nos actions individuelles s'inscrivent dans un tissu collectif où elles produisent des effets en cascade.

Le respect des règles collectives, souvent perçu comme une contrainte, peut être réinterprété comme une forme d'intelligence préventive. En respectant simplement le code de la route, les règles d'urbanisme, ou les réglementations environnementales, nous nous épargnons — et épargnons aux autres — des complications potentiellement graves.

Ce civisme préventif s'étend au-delà du strict respect des lois pour englober ces petites attentions qui fluidifient la vie collective : ranger son caddie après usage, tenir son chien en laisse dans les espaces partagés, modérer le volume sonore en soirée...

Ces gestes simples illustrent parfaitement la logique d'une *"politique de la moindre emmerde"* bien comprise : un petit effort immédiat qui prévient des frictions disproportionnées, tant pour soi que pour les autres.

⇒ **Engagement écologique : impact à long terme des choix individuels**

La crise écologique contemporaine nous confronte à un défi majeur d'anticipation. Nos actions quotidiennes produisent des effets différés, cumulatifs et systémiques que notre psychologie, câblée pour l'immédiateté, peine à intégrer pleinement.

Une approche préventive de l'écologie ne relève pas nécessairement de l'activisme militant, mais d'une conscience élargie des impacts de nos choix ordinaires. La surconsommation énergétique, le gaspillage alimentaire, l'accumulation d'objets à obsolescence programmée, le transport excessivement carboné... Ces comportements génèrent des "emmerdes" collectives dont l'ampleur dépasse largement le confort immédiat qu'ils procurent.

La prévoyance écologique consiste à intégrer progressivement cette conscience dans nos décisions : non pas vivre dans la culpabilité paralysante, mais développer ce que le philosophe Hans Jonas appelait une "heuristique de la peur" — cette capacité à laisser la projection des conséquences futures informer nos choix présents.

⇒ **Participation sociale : prévention vs réparation des problèmes sociaux**

À l'échelle sociale plus large, la tension entre prévention et réparation structure profondément nos politiques publiques et nos engagements collectifs.

Nous dépensons collectivement des ressources considérables pour gérer les conséquences de problèmes qui auraient souvent pu être prévenus à moindre coût : la réinsertion coûte plus cher que l'éducation, le traitement des maladies chroniques plus que la prévention, la gestion des catastrophes naturelles plus que l'adaptation préventive...

Une participation sociale préventive peut prendre de multiples formes : soutien aux associations qui agissent en amont des problèmes, vote pour des politiques qui privilégient l'investissement préventif, ou simplement attention portée aux signaux faibles de fragilisation du lien social dans son environnement immédiat.

Là encore, il ne s'agit pas d'une responsabilité écrasante, mais d'une conscience élargie qui intègre dans nos actions quotidiennes cette question simple : contribuons-nous à prévenir ou à amplifier les problèmes collectifs de demain ?

C. Pédagogie de la prévoyance

L'éducation formelle : place dans les programmes scolaires, compétences de vie

Si la prévoyance est un art, elle est aussi une compétence qui s'apprend et se cultive. Or, notre système éducatif formel lui accorde une place étonnamment modeste, privilégiant souvent l'acquisition de connaissances sur le développement de cette intelligence pratique.

Quelques systèmes éducatifs innovants intègrent pourtant ce qu'on pourrait appeler des "compétences de vie" : gestion de budget, anticipation des risques, planification de projet, résolution préventive de conflits... Ces apprentissages, loin d'être secondaires, constituent peut-être le bagage le plus durablement utile qu'un jeune puisse acquérir.

Une éducation formelle qui valoriserait la prévoyance ne se limiterait pas à des cours spécifiques, mais intégrerait cette dimension dans l'ensemble des disciplines : analyser les conséquences prévisibles d'un événement historique, anticiper les résultats d'une expérience scientifique, planifier un processus créatif en arts plastiques...

Cette intégration transversale permettrait de dépasser la vision réductrice d'une prévoyance limitée à la prudence financière ou à la sécurité physique, pour l'élargir à une véritable compétence cognitive applicable dans tous les domaines.

L'éducation familiale : transmission de principes, apprentissage par l'expérience

La famille reste cependant le premier lieu d'apprentissage de cette intelligence préventive, à travers deux canaux complémentaires : la transmission explicite de principes et l'apprentissage expérientiel.

La transmission explicite passe par ces conseils, règles et maximes qui structurent l'éducation familiale : "Toujours vérifier avant de partir", "Ne pas remettre à demain", "Prévoir le plan B"... Ces principes, répétés et illustrés par des exemples concrets, finissent par s'intégrer dans le logiciel mental de l'enfant puis de l'adulte.

L'apprentissage par l'expérience est tout aussi crucial. Permettre à l'enfant de faire l'expérience mesurée des conséquences de son imprévoyance — dans un cadre sécurisé où l'erreur reste formative plutôt que traumatisante — constitue peut-être la pédagogie la plus efficace.

Cet apprentissage ne passe pas nécessairement par des leçons formelles, mais par la modélisation quotidienne : l'enfant qui observe ses parents vérifier régulièrement le niveau d'huile de la voiture, prévoir un départ anticipé en cas de rendez-vous important, ou mettre de côté une épargne de précaution intègre naturellement ces comportements dans son répertoire.

L'auto-éducation : développement personnel, apprentissage des erreurs

Au-delà de l'éducation reçue, chacun peut développer consciemment cette intelligence préventive tout au long de sa vie, à travers un processus d'auto-éducation continu.

Le développement personnel offre aujourd'hui de nombreuses ressources dans ce domaine : livres, cours en ligne, applications dédiées... L'important n'est pas tant l'outil que la démarche active d'amélioration de ses compétences d'anticipation.

Mais la source d'apprentissage la plus puissante reste probablement l'analyse réflexive de nos propres erreurs. Non pas dans une rumination culpabilisante, mais dans une perspective constructive : "Quels signaux ai-je manqués ?", "Quelle alternative aurait pu prévenir ce problème ?", "Quel schéma récurrent puis-je identifier ?"

Cette pratique réflexive, idéalement formalisée dans un journal ou partagée avec un proche de confiance, transforme chaque "emmerde" en opportunité d'apprentissage, chaque complication en occasion de raffiner sa capacité d'anticipation.

Car l'art de la prévoyance n'est pas une destination finale, mais un processus d'amélioration continue. Nul n'atteint jamais la perfection en la matière — et ce n'est d'ailleurs pas l'objectif. Il s'agit plutôt de cultiver une conscience élargie qui, progressivement, nous permet de naviguer avec plus de fluidité dans la complexité de nos vies contemporaines.

———————

Sources et références

Franklin, B. (1736). "*An ounce of prevention is worth a pound of cure*", Pennsylvania Gazette, février 1736. Initialement écrit dans un contexte de prévention des incendies à Philadelphie.

Hofstadter, D. (1979). "*Gödel, Escher, Bach: An Eternal Golden Braid*". Basic Books. La loi de Hofstadter y est formulée comme suit: "It always takes longer than you expect, even when you take into account Hofstadter's Law."

Jonas, H. (1979). "*Le Principe responsabilité : Une éthique pour la civilisation technologique*". La notion d'"heuristique de la peur" y est développée comme un outil d'anticipation éthique face aux conséquences potentielles des technologies modernes.

Kahneman, D. (2011). *"Thinking, Fast and Slow"*. Farrar, Straus and Giroux. Les mécanismes cognitifs de la pensée à court terme et du biais d'optimisme y sont analysés en détail.

Partie III : Dialectique - Limites, paradoxes et dépassements

Après avoir exploré l'anatomie des "emmerdes" évitables et les principes d'une prévoyance raisonnée, il est temps d'adopter une position plus critique. Car si la "politique de la moindre emmerde" semble séduisante en théorie, elle se heurte dans la pratique à des limites intrinsèques, produit des effets paradoxaux et appelle un dépassement dialectique. Une sagesse pratique authentique ne peut faire l'économie de cette confrontation avec les zones d'ombre et les ambiguïtés de toute approche préventive.

A. Les frontières de la prévention

L'irréductible part du hasard : l'aléatoire comme dimension incontournable

"L'homme propose, Dieu dispose", dit l'adage populaire. On pourrait traduire plus prosaïquement : quelles que soient nos précautions, le hasard conserve ses droits. Cette dimension aléatoire de l'existence n'est pas un simple résidu qu'une prévoyance plus perfectionnée pourrait un jour éliminer — elle en est une composante structurelle, et peut-être même une condition de sa richesse.

Les exemples abondent de ces "emmerdes" parfaitement imprévisibles qui défient toute anticipation raisonnable : la météorite qui traverse votre toit (littéralement arrivé à une famille en Indonésie en 2020), la pandémie mondiale qui bouleverse vos projets (comme nous l'avons tous expérimenté), l'innovation technologique qui rend obsolète votre métier pourtant soigneusement choisi...

Ce n'est pas simplement que notre prévoyance est imparfaite — c'est que la réalité elle-même comporte une part irréductible d'imprévisibilité. Certains développements mathématiques contemporains, de la théorie du chaos aux systèmes complexes, ont d'ailleurs formalisé cette limite fondamentale : dans des systèmes comportant un nombre suffisant de variables interdépendantes, la prédictibilité à long terme devient mathématiquement impossible, même avec une connaissance parfaite des conditions initiales.

Cette reconnaissance n'invalide pas l'effort de prévoyance, mais elle en relativise la portée et nous invite à cultiver simultanément une autre vertu complémentaire : la résilience, cette capacité à rebondir face à l'imprévu plutôt qu'à prétendre l'éliminer entièrement.

La dimension relationnelle : quand les autres échappent à notre contrôle

Si l'aléatoire constitue une première limite, l'altérité en forme une seconde tout aussi fondamentale. Car une grande partie de nos "emmerdes" implique d'autres personnes, dont les actions, les réactions et les décisions échappent par définition à notre contrôle direct.

Le collègue qui interprète différemment une consigne pourtant claire, le partenaire qui réagit de façon inattendue à un geste que vous pensiez attentionné, l'administration qui change ses règles sans préavis... La vie relationnelle est tissée de ces incompréhensions, désynchronisations et divergences d'intérêts qui déjouent régulièrement nos anticipations.

Une source fondamentale de cette imprévisibilité relationnelle réside dans ce qu'on pourrait appeler la "subjectivité linguistique". Chacun porte, derrière les mêmes mots, des valeurs et des significations différentes, façonnées par son vécu unique et les réseaux neuronaux spécifiques qu'il a développés au fil de ses expériences. "Respect", "urgence", "effort raisonnable", "ponctualité" — ces termes que nous utilisons quotidiennement comme s'ils avaient un sens universel sont en réalité des territoires aux frontières floues et variables selon les individus. Une prévoyance relationnelle lucide implique donc de valider régulièrement les valeurs et définitions qui se cachent derrière ces vocables apparemment partagés, plutôt que de supposer naïvement un consensus sémantique parfait.

Le piège serait de répondre à cette incertitude relationnelle par une tentative de contrôle accru : vouloir formater les comportements d'autrui, multiplier les règles et les procédures, ou simplement se retirer des relations jugées trop imprévisibles. Ces stratégies, si elles peuvent limiter certaines "emmerdes" à court terme, en génèrent généralement de bien plus graves à long terme : relations aseptisées, confiance détériorée, isolement progressif.

L'art de la prévoyance dans sa dimension relationnelle n'est donc pas de contrôler l'autre, mais d'intégrer son autonomie fondamentale dans nos anticipations — et parfois, d'accepter que certaines "emmerdes" relationnelles font simplement partie du prix à payer pour des relations authentiques.

Les limites de la rationalité humaine : impossibilité d'une prévision totale

Notre capacité d'anticipation se heurte enfin aux limites intrinsèques de notre propre appareil cognitif. Les travaux en psychologie et en économie comportementale, notamment ceux de Daniel Kahneman et d'Amos Tversky, ont amplement documenté ces biais qui affectent systématiquement notre jugement prévisionnel.

Nous souffrons d'un "biais d'optimisme" qui nous fait sous-estimer la probabilité des événements négatifs nous concernant. Nous sommes victimes d'un "effet de cadrage" qui rend nos évaluations excessivement dépendantes de la manière dont les informations sont présentées. Nous pratiquons spontanément une "comptabilité mentale" qui compartimente artificiellement nos ressources et nos risques...

Ces biais ne sont pas de simples défauts que l'éducation ou la vigilance pourraient entièrement corriger — ils sont câblés dans l'architecture même de notre cognition, produits d'une histoire évolutive où la survie immédiate comptait davantage que la planification à long terme.

Reconnaître ces limites cognitives n'est pas une invitation au fatalisme, mais à une forme de modestie épistémique : nos prévisions, même les plus méticuleuses, restent des approximations faillibles, et une prévoyance bien comprise intègre cette marge d'erreur irréductible plutôt que de prétendre l'éliminer.

B. Les paradoxes d'une "politique de la moindre emmerde" mal comprise

Paralysie par anticipation : quand la peur des complications mène à l'inaction

Le premier paradoxe d'une prévoyance excessive est ce qu'on pourrait appeler la "paralysie par anticipation" : à force de vouloir prévenir toute complication potentielle, on finit par ne plus agir du tout. Ce phénomène, que les psychologues nomment parfois "perfectionnisme paralysant", transforme l'anticipation de solution en problème en soi.

L'exemple classique est celui du rapport, de l'article ou du mémoire jamais commencé à force d'être trop parfaitement planifié. Ou encore le projet entrepreneurial abandonné après une analyse de risques si exhaustive qu'elle a éteint toute énergie créative. Ou même la relation amoureuse jamais tentée par peur anticipée des complications potentielles...

Ce paradoxe se manifeste souvent par une dilatation excessive de la phase préparatoire : on reste indéfiniment dans l'étape du "je me renseigne", "j'analyse les options", "j'attends le moment parfait", sans jamais passer à l'action concrète. Le psychologue Barry Schwartz a décrit ce phénomène comme "la tyrannie du choix" — lorsque trop d'options et trop d'analyses mènent à la paralysie décisionnelle plutôt qu'à un meilleur choix.

L'ironie est que cette paralysie anticipatoire génère souvent davantage d'"emmerdes" que l'action imparfaite qu'elle était censée optimiser : occasions manquées, développement personnel entravé, stress chronique lié à l'indécision... Une authentique politique de la moindre emmerde intègre donc ce risque paradoxal et reconnaît qu'une action imparfaite vaut souvent mieux qu'une inaction parfaitement planifiée.

Évitement vs confrontation : distinguer sagesse et lâcheté

Un second paradoxe, plus subtil encore, concerne la frontière parfois ténue entre la sage anticipation des problèmes évitables et la simple fuite face aux difficultés nécessaires. Quand la "politique de la moindre emmerde" devient un principe systématique, elle risque de se transformer en évitement chronique des situations inconfortables mais potentiellement fécondes.

La conversation difficile mais nécessaire avec un collègue ou un proche, repoussée indéfiniment pour "éviter les complications". L'engagement civique ou politique abandonné face aux premières frictions. Le changement professionnel reporté par peur des incertitudes transitoires... Sous couvert de prévoyance, on peut glisser insensiblement vers une forme de lâcheté existentielle.

Ce glissement est d'autant plus insidieux qu'il se drape dans la rationalité apparente d'un calcul coûts-bénéfices : "Ça va créer plus de problèmes que ça n'en résoudra", "Ce n'est pas le bon moment", "Mieux vaut laisser les choses se tasser"... La frontière entre discernement lucide et évitement défensif devient alors particulièrement difficile à tracer.

Une prévoyance authentique doit donc intégrer cette question cruciale : suis-je en train d'éviter une "emmerde" inutile, ou d'esquiver une difficulté nécessaire à mon développement ou à celui d'une situation qui me concerne ? La réponse n'est jamais simple, mais la conscience même de ce paradoxe constitue déjà un garde-fou précieux.

Confort immédiat vs croissance personnelle : le rôle formateur des difficultés

Ce paradoxe se prolonge dans une tension plus fondamentale encore : celle qui oppose le confort immédiat (l'absence d'"emmerdes") et la croissance personnelle, qui se nourrit précisément de difficultés surmontées. Les psychologues spécialistes de la résilience, comme Boris Cyrulnik, ont amplement documenté cette dynamique : certains obstacles, certaines épreuves, certaines frictions sont nécessaires au développement de nos capacités les plus précieuses.

L'enfant trop protégé des petites difficultés quotidiennes développe rarement l'autonomie et la confiance en soi. L'adulte qui esquive systématiquement les situations inconfortables se prive des apprentissages qu'elles recèlent. Le couple qui évite toute confrontation franche manque généralement les occasions d'approfondir sa relation.

Il existe donc une catégorie particulière d'"emmerdes" qui, rétrospectivement, apparaissent comme des étapes nécessaires de notre développement : ce n'est pas malgré elles, mais grâce à elles que nous avons grandi. Ce constat oblige à nuancer considérablement toute "politique de la moindre emmerde" qui viserait l'élimination systématique des frictions — certaines frictions sont non seulement inévitables, mais souhaitables.

L'enjeu devient alors de distinguer les complications stériles (celles qui n'engendrent que de l'usure sans contrepartie formative) des difficultés fécondes (celles qui, malgré leur inconfort immédiat, nourrissent notre croissance). Distinction délicate s'il en est, qui ne peut reposer sur aucun algorithme simple, mais demande un discernement affûté par l'expérience.

L'hypercalcul comme nouvelle source d'emmerdes : le paradoxe de la surplanification

Un dernier paradoxe, particulièrement actuel, concerne ce qu'on pourrait appeler "l'hypercalcul" — cette tendance à vouloir optimiser chaque décision par une analyse si exhaustive qu'elle devient elle-même consommatrice de temps, d'énergie et source de nouvelles complications.

L'exemple type est ce voyageur qui consacre des heures à comparer toutes les options possibles de vol, d'hôtel et d'itinéraire pour "optimiser" un voyage — au point que la planification devient plus épuisante que le voyage lui-même. Ou cet acheteur qui multiplie les recherches comparatives pour le moindre achat, générant ainsi une charge mentale disproportionnée par rapport à l'enjeu réel de la décision.

Notre époque numérique amplifie ce paradoxe en multipliant les options disponibles et les informations accessibles pour chaque microdécision. La promesse d'une décision "parfaitement informée" se transforme souvent en piège : la quête du choix optimal devient elle-même une source majeure d'"emmerdes".

Face à ce paradoxe, plusieurs penseurs contemporains comme Gerd Gigerenzer proposent de réhabiliter ce qu'ils nomment les "heuristiques frugales" — ces règles de décision simplifiées qui, sans prétendre à l'optimisation parfaite, permettent des choix "assez bons" avec une économie cognitive substantielle. Parfois, la meilleure façon d'éviter les "emmerdes" n'est pas de calculer plus, mais de calculer moins.

C. Vers une sagesse pratique intégrée

Réhabilitation de la prudence aristotélicienne : entre excès et défaut

Face à ces limites et paradoxes, une "politique de la moindre emmerde" bien comprise ne peut se réduire ni à une planification obsessionnelle, ni à une insouciance désinvolte. Elle appelle plutôt une forme de sagesse pratique qui n'est pas sans rappeler ce qu'Aristote nommait la "phronèsis" — cette prudence qui constitue moins une règle figée qu'un équilibre dynamique entre des extrêmes également problématiques.

Dans la perspective aristotélicienne, la vertu se situe toujours dans un juste milieu entre un excès et un défaut. Appliquée à notre sujet, cette approche suggère que la prévoyance authentique se situe quelque part entre la prévision obsessionnelle (qui génère anxiété et paralysie) et l'imprévoyance désinvolte (qui multiplie les complications évitables).

Ce juste milieu n'est pas une position moyenne statique, mais un équilibre dynamique à redéfinir constamment selon les contextes. Dans certaines situations (chirurgie, pilotage d'avion, manipulation de produits dangereux), le curseur se déplacera naturellement vers une anticipation méticuleuse. Dans d'autres (relations personnelles, création artistique, exploration de territoires inconnus), il pourra légitimement pencher vers plus de spontanéité et d'ouverture à l'imprévu.

L'enjeu n'est donc pas de promouvoir un modèle unique de prévoyance, mais de cultiver cette intelligence contextuelle qui permet d'ajuster en permanence le degré et la nature de notre anticipation aux exigences spécifiques de chaque situation.

Une éthique du discernement situationnel : quand anticiper, quand lâcher prise

Cette approche conduit naturellement à une éthique du discernement situationnel — cet art de déterminer, face à chaque situation particulière, quand l'anticipation minutieuse est requise et quand le lâcher-prise devient la réponse la plus sage.

Ce discernement s'appuie sur plusieurs critères complémentaires :

La **gravité potentielle des conséquences**, tout d'abord. Les situations où une erreur pourrait engendrer des conséquences graves ou irréversibles (santé, sécurité, engagements majeurs) appellent naturellement un degré plus élevé d'anticipation que celles aux enjeux modestes ou facilement réversibles.

Le **rapport coût-bénéfice de l'anticipation** ensuite. Certaines situations présentent un tel niveau de complexité ou d'imprévisibilité que le coût cognitif et émotionnel de leur anticipation exhaustive dépasse largement les bénéfices potentiels. Le lâcher-prise devient alors paradoxalement la réponse la plus économique en termes d'"emmerdes" globales.

La **distinction entre contrôle et influence**, enfin. Certains paramètres sont directement sous notre contrôle, d'autres seulement sous notre influence, d'autres encore totalement hors de notre portée. Une prévoyance lucide concentre son énergie sur les premiers, aborde les seconds avec flexibilité, et accepte sereinement les troisièmes.

Ces distinctions ne peuvent être appliquées mécaniquement — elles demandent une forme de sagacité qui s'affine avec l'expérience et la réflexion. Mais elles dessinent les contours d'un art du discernement situationnel qui constitue peut-être le cœur d'une authentique "politique de la moindre emmerde".

De l'individuel au collectif : comment une société peut institutionnaliser la prévoyance sans rigidité

Cette sagesse pratique, si elle se développe d'abord au niveau individuel, peut également nourrir une réflexion sur nos institutions et nos fonctionnements collectifs. Comment une organisation, une entreprise ou même une société entière pourrait-elle cultiver cette prévoyance sans tomber dans la rigidité bureaucratique ou le contrôle excessif ?

Certaines cultures organisationnelles semblent avoir trouvé des équilibres inspirants. On pense aux entreprises qui pratiquent ce que Karl Weick a nommé la "pleine conscience organisationnelle" (organizational mindfulness) — cette capacité collective à anticiper les problèmes potentiels tout en maintenant une flexibilité face à l'inattendu. Ou aux équipes médicales qui développent des protocoles rigoureux tout en préservant leur capacité de jugement face aux cas atypiques.

À l'échelle sociétale, la question devient encore plus complexe : comment nos institutions peuvent-elles intégrer une anticipation responsable (notamment face aux risques environnementaux, sanitaires ou technologiques) sans sombrer dans un contrôle liberticide ou une bureaucratie paralysante ? Comment préserver des espaces d'innovation et d'expérimentation tout en prévenant les risques majeurs ?

Ces questions dépassent largement le cadre individuel de la "politique de la moindre emmerde", mais elles en constituent peut-être l'horizon ultime : comment nos sagesses pratiques individuelles peuvent-elles informer et transformer nos sagesses collectives, pour des sociétés qui ne seraient ni imprudentes ni sclérosées, mais lucidement anticipatrices et adaptatives ?

Une piste prometteuse réside peut-être dans ce que certains théoriciens appellent les "institutions réflexives" — ces structures qui intègrent dans leur fonctionnement même des mécanismes d'auto-évaluation et d'ajustement continu, permettant ainsi une forme d'apprentissage collectif face aux erreurs et aux imprévus.

Car au fond, qu'elle soit individuelle ou collective, la véritable prévoyance n'est pas un état figé mais un processus dynamique d'apprentissage — moins une tentative de contrôle total que l'art subtil de naviguer avec lucidité dans l'incertitude fondamentale de notre condition.

———————

Sources et références

Aristote. (IVe siècle av. J.-C.). *"Éthique à Nicomaque"*. Le concept de "phronèsis" (prudence ou sagesse pratique) y est développé comme un équilibre entre des extrêmes, distinct à la fois de la science théorique et de la simple habileté technique.

Cyrulnik, B. (2002). *"Un merveilleux malheur"*. Odile Jacob. L'auteur y développe le concept de résilience et le rôle formateur des difficultés surmontées dans le développement psychologique.

Gigerenzer, G. (2008). *"Rationality for Mortals: How People Cope with Uncertainty"*. Oxford University Press. L'ouvrage présente le concept d'"heuristiques frugales" comme alternatives aux modèles de décision basés sur l'optimisation exhaustive.

Kahneman, D., & Tversky, A. (1979). *"Prospect Theory: An Analysis of Decision under Risk"*. Econometrica, 47(2), 263-291. Cette étude fondatrice identifie plusieurs biais systématiques dans notre évaluation des risques et notre prise de décision.

Schwartz, B. (2004). *"The Paradox of Choice: Why More Is Less"*. Harper Perennial. L'auteur y analyse comment la multiplication des options peut mener à la paralysie décisionnelle plutôt qu'à de meilleurs choix.

Weick, K.E., & Sutcliffe, K.M. (2001). *"Managing the Unexpected: Assuring High Performance in an Age of Complexity"*. Jossey-Bass. Le concept de "mindfulness organisationnelle" y est développé comme une forme d'attention collective aux signaux faibles et aux anomalies potentiellement significatives.

Partie IV : Perspectives et propositions

Après avoir exploré l'anatomie des "emmerdes" évitables, l'art de la prévoyance raisonnée, puis les limites et paradoxes de cette approche, il est temps d'élargir notre perspective. Car cette "politique de la moindre emmerde", si elle commence comme une sagesse pratique individuelle, s'ouvre naturellement sur des horizons plus vastes : philosophiques, politiques et culturels. De la microdécision quotidienne aux choix de société, un même fil conducteur se dessine — celui d'une lucidité préventive qui pourrait transformer notre rapport au monde.

A. Implications philosophiques

Une éthique du soin préventif : prendre soin de soi, des autres, du monde

Au cœur de cette "politique de la moindre emmerde" bien comprise se trouve une posture qui dépasse la simple stratégie d'évitement des problèmes pour s'apparenter à ce que certains philosophes contemporains, comme Joan Tronto ou Sandra

Laugier, ont théorisé comme une "éthique du care" — une éthique du soin et de l'attention.

Cette approche reconnaît que notre monde, dans toutes ses dimensions, n'est pas une donnée stable et autosuffisante, mais un tissu complexe de relations qui demande une attention continue et préventive. Prendre soin, c'est fondamentalement anticiper — identifier les fragilités avant qu'elles ne deviennent des blessures, percevoir les déséquilibres avant qu'ils ne se transforment en ruptures.

Cette éthique du soin préventif s'exerce d'abord envers soi-même — non par narcissisme, mais par lucidité sur le fait que notre propre négligence devient rapidement un fardeau pour les autres. L'auto-négligence chronique (qu'elle concerne notre santé, nos finances ou notre équilibre psychique) n'est pas une affaire purement privée — elle finit inévitablement par impacter notre entourage, créant des "emmerdes" en cascade bien au-delà de notre sphère personnelle.

Elle s'étend naturellement aux autres — non par contrôle ou ingérence, mais par cette attention préventive qui perçoit la vulnérabilité d'autrui et agit pour la préserver avant qu'elle ne devienne souffrance. Le parent qui structure doucement le quotidien de l'enfant pour lui éviter les débordements émotionnels de la fatigue excessive. L'ami qui pressent la détresse non formulée et crée un espace de parole avant la crise. Le collègue qui allège discrètement la charge d'un collaborateur qu'il sent au bord de l'épuisement...

Elle s'élargit enfin au monde lui-même — à ces écosystèmes naturels et sociaux dont nous dépendons et qui dépendent de notre vigilance préventive. L'éthique du soin nous invite à cette attention élargie qui perçoit les signaux faibles de déséquilibre et agit avant les points de rupture, qu'il s'agisse d'un écosystème naturel menacé ou d'un tissu social qui se fragilise.

Dans cette perspective, éviter les "emmerdes" évitables n'est plus une simple stratégie de confort personnel, mais une forme de responsabilité éthique — envers soi-même, envers les autres, envers le monde que nous habitons et qui nous habite.

Temporalité et responsabilité : élargir notre horizon temporel

Cette éthique du soin préventif nous confronte inévitablement à la question fondamentale de notre rapport au temps. Car la capacité d'anticipation qui sous-tend toute prévoyance efficace est, en son essence, une forme d'élargissement de notre présent psychologique pour y inclure un futur qui n'existe pas encore matériellement, mais que nous rendons présent par notre conscience projective.

Or, notre époque se caractérise précisément par ce que de nombreux penseurs ont identifié comme un "présentisme" croissant — cette contraction de l'horizon temporel qui nous enferme dans un présent hypertrophié, déconnecté tant du passé que de l'avenir. Le philosophe Hartmut Rosa décrit ainsi notre modernité tardive comme prise dans une "accélération" qui érode notre capacité à inscrire nos actions dans une temporalité élargie.

Une "politique de la moindre emmerde" bien comprise va précisément à contre-courant de cette contraction temporelle. Elle nous invite à réintégrer dans notre champ de conscience un futur proche (pour les anticipations quotidiennes) et lointain (pour les choix de vie plus fondamentaux), non comme abstraction vague mais comme dimension concrète de notre agir présent.

Cette réintégration du futur dans le présent élargi de notre conscience transforme profondément notre conception de la responsabilité. Le philosophe Hans Jonas a particulièrement théorisé cette transformation à travers ce qu'il nomme le "principe responsabilité" — cette exigence éthique d'intégrer dans nos décisions actuelles leurs conséquences prévisibles à long terme, particulièrement pour les générations futures.

À l'échelle individuelle, cette responsabilité temporellement élargie se manifeste dans ces choix quotidiens qui semblent anodins isolément, mais dont l'accumulation dessine le paysage de notre futur : l'épargne progressive qui construit la sécurité de demain, l'attention régulière à sa santé qui préserve ses capacités futures, l'entretien des relations qui tissent le filet de sécurité sociale des années à venir...

À l'échelle collective, elle prend une dimension proprement politique : comment nos sociétés, structurellement inclinées vers l'immédiat (par les cycles électoraux courts, la pression des marchés financiers, l'impatience consommatrice), pourraient-elles réintégrer un souci authentique du long terme ? Les expériences récentes d'institutions dédiées aux enjeux de long terme constituent peut-être des embryons de réponse à cette question cruciale. On peut citer notamment :

- La **Convention Citoyenne pour le Climat** en France (2019-2020), qui a réuni 150 citoyens tirés au sort pour élaborer des propositions législatives visant à réduire les émissions de gaz à effet de serre dans une perspective de justice sociale.

- Le **Committee for the Future** en Finlande (créé dès 1993), commission parlementaire permanente chargée d'évaluer l'impact à long terme des décisions législatives et de produire des analyses prospectives sur les grands défis sociétaux à venir.

- Le poste de **Future Generations Commissioner** au Pays de Galles (institué par une loi de 2015), qui a pour mission légale de représenter les intérêts des générations futures et de s'assurer que les politiques publiques intègrent leurs besoins potentiels.

- Le **Centre for Strategic Futures** à Singapour, organisme gouvernemental dédié à l'identification précoce des tendances émergentes et à la planification stratégique à long terme dans un contexte d'incertitude croissante.

Ces initiatives tentent, **avec des succès divers**, d'institutionnaliser cette préoccupation pour le long terme au cœur même de la décision politique, transformant ainsi une disposition éthique individuelle en principe d'organisation collective.

Entre stoïcisme moderne et pragmatisme : filiations philosophiques

Cette "politique de la moindre emmerde", si elle peut sembler relever du simple bon sens pratique, s'inscrit en réalité dans des traditions philosophiques anciennes et profondes, qu'elle réactualise à sa manière.

On y trouve d'abord des échos du stoïcisme, cette philosophie antique qui invitait déjà à distinguer ce qui dépend de nous et ce qui n'en dépend pas, pour concentrer notre énergie sur le premier domaine exclusivement. La célèbre prière de Marc Aurèle — *"Donne-moi la sérénité d'accepter les choses que je ne peux changer, le courage de changer celles que je peux, et la sagesse de distinguer les unes des autres"* — pourrait parfaitement servir de maxime à notre approche préventive des complications évitables.

Le stoïcisme contemporain, tel qu'il est réactualisé par des penseurs comme Pierre Hadot ou des praticiens comme

Massimo Pigliucci, nous offre d'ailleurs des outils pratiques étonnamment pertinents pour notre sujet : la "prévisualisation négative" (imaginer à l'avance ce qui pourrait mal tourner pour s'y préparer mentalement), l'attention aux premiers mouvements (percevoir les irritations naissantes avant qu'elles ne deviennent des colères dévastatrices), ou encore la relativisation par changement d'échelle (replacer une contrariété dans la perspective plus vaste de l'existence).

On y retrouve également des éléments du **pragmatisme** américain, cette tradition philosophique qui, de John Dewey à Richard Rorty, a toujours insisté sur les conséquences pratiques de nos idées et de nos actes comme critère ultime de leur valeur. L'approche expérimentale et non dogmatique que prône le pragmatisme résonne parfaitement avec notre "politique de la moindre emmerde" : il s'agit moins d'adhérer à des principes abstraits que d'observer attentivement quelles actions produisent effectivement moins de complications évitables dans la vie concrète.

Cette double filiation stoïcienne et pragmatique nous aide à situer notre approche dans un paysage philosophique plus large, non pour l'intellectualiser inutilement, mais pour l'enrichir de ces sagesses éprouvées. Elle nous rappelle aussi que la recherche d'une vie moins encombrée de complications inutiles n'est pas une innovation de notre époque pressée, mais une aspiration humaine profonde et ancienne, que chaque génération réinterprète selon ses défis propres.

B. Dimensions politiques et sociétales

Institutions préventives vs réparatrices : réorienter les priorités collectives

Au-delà de sa dimension individuelle, notre "politique de la moindre emmerde" soulève inévitablement des questions d'organisation collective. Car nos sociétés, telles qu'elles sont structurées aujourd'hui, présentent un paradoxe frappant : elles consacrent généralement bien plus de ressources à réparer les problèmes qu'à les prévenir.

Cette orientation réparatrice plutôt que préventive se manifeste dans de multiples domaines :

En **santé publique**, nous dépensons des sommes considérables pour traiter des maladies chroniques dont une large part aurait pu être prévenue par des politiques plus ambitieuses d'alimentation, d'activité physique et de réduction des pollutions. Comme le remarquait déjà Ivan Illich dans les années 1970, nous avons construit un système de "**gestion de la maladie**" plus qu'un véritable système de santé.

Dans le domaine **éducatif**, nous concentrons d'importantes ressources sur les dispositifs de remédiation et de seconde chance, tout en sous-investissant chroniquement dans la prévention précoce de l'échec scolaire — alors même que toutes les études montrent qu'un euro investi dans la petite enfance produit des bénéfices sociaux bien supérieurs au même euro investi plus tard dans des dispositifs réparateurs.

En matière de **sécurité**, nous développons des systèmes carcéraux coûteux et souvent inefficaces, tandis que les programmes de prévention de la délinquance restent sous-financés et précaires, malgré des résultats souvent probants lorsqu'ils sont correctement menés.

Dans le domaine **environnemental**, le coût de la réparation des dégâts (quand elle est possible) excède presque toujours massivement celui des mesures préventives qui auraient pu les éviter — qu'il s'agisse de pollutions industrielles, de dégradation des écosystèmes ou de catastrophes "naturelles" amplifiées par l'aménagement irréfléchi des territoires.

Cette préférence collective pour la réparation sur la prévention s'explique par plusieurs facteurs : la réparation est plus visible et donc politiquement plus rentable ; elle peut être reportée dans le temps (alors que la prévention exige des investissements immédiats et continus pour des bénéfices différés) ; elle correspond mieux aux logiques de marché qui valorisent les solutions techniques vendables sur les transformations systémiques moins monétisables...

Réorienter nos priorités collectives vers des institutions plus préventives représente donc un défi majeur, qui implique de transformer profondément nos modes de valorisation, nos horizons temporels et nos métriques de succès. Certains pays s'y essaient néanmoins, comme en témoignent les expérimentations de "budgétisation préventive" dans les pays nordiques, où une part croissante des ressources publiques est explicitement allouée à des mesures dont le retour sur investissement se mesure en problèmes évités plutôt qu'en crises gérées.

Simplification vs complexification : le rôle ambivalent de la technologie

Une seconde dimension politique de notre sujet concerne la tension entre simplification et complexification de nos environnements sociaux, et le rôle ambivalent qu'y joue la technologie.

D'un côté, nos sociétés contemporaines semblent engagées dans une complexification croissante et souvent subie : multiplication des normes et réglementations, sophistication technique des objets quotidiens, intensification des interdépendances globales... Cette complexité accrue génère mécaniquement davantage d'"emmerdes" potentielles : plus d'interfaces où les dysfonctionnements peuvent se produire, plus de compétences nécessaires pour naviguer dans les systèmes sociaux, plus de fragilités systémiques liées aux chaînes d'interdépendance.

De l'autre, un mouvement de simplification volontaire émerge, tant au niveau individuel (minimalisme, sobriété choisie, détox numérique...) que collectif (appels à la simplification administrative, mouvements de relocalisation, défense des low-tech...). Ces approches ne représentent pas un retour naïf à une simplicité mythifiée, mais une recherche de complexité "appropriée" — celle qui enrichit l'expérience humaine sans la submerger sous les complications évitables.

La technologie joue un rôle profondément ambivalent dans cette tension. La promesse technologique est généralement celle d'une simplification de notre rapport au monde : l'automatisation devrait éliminer les tâches fastidieuses, l'intelligence artificielle nous aider à naviguer dans la complexité, les interfaces numériques faciliter nos démarches quotidiennes...

Pourtant, l'expérience commune suggère que cette promesse n'est que partiellement tenue. Si certaines technologies simplifient effectivement des aspects spécifiques de notre quotidien, elles introduisent simultanément de nouvelles formes de complexité et de vulnérabilité : dépendance accrue à des systèmes que nous ne maîtrisons pas, multiplication des mots de passe et des comptes à gérer, obsolescence accélérée des compétences acquises, anxiété liée à la disponibilité permanente...

Une politique collective de la "moindre emmerde" ne serait donc ni technophile ni technophobe par principe, mais chercherait plutôt à développer ce que certains penseurs comme Ivan Illich ou plus récemment Hartmut Rosa ont appelé des "technologies conviviales" — celles qui augmentent notre autonomie plutôt que notre dépendance, qui renforcent nos capacités plutôt que de s'y substituer, qui simplifient réellement notre rapport au monde plutôt que de le surcharger d'une complexité supplémentaire.

Éducation civique renouvelée : former des citoyens prévoyants

Le troisième axe politique d'une "politique de la moindre emmerde" concerne l'éducation civique — comprise non comme simple apprentissage des institutions, mais comme formation intégrale à une citoyenneté lucide et prévoyante.

Car si nos "emmerdes" individuelles ont souvent des dimensions collectives, nos "emmerdes" collectives résultent largement de l'agrégation de nos imprévoyances individuelles. La frontière entre sphère privée et sphère publique s'avère particulièrement poreuse dans ce domaine : ma gestion négligente de mes déchets devient un problème collectif, tout comme l'organisation chaotique des transports publics se transforme en complication quotidienne pour moi.

Une éducation civique renouvelée pourrait explicitement thématiser cette interdépendance et développer ce qu'on pourrait appeler une "conscience préventive citoyenne" — cette capacité à percevoir comment nos actes individuels contribuent à créer ou à prévenir des problèmes collectifs, et réciproquement, comment notre participation à l'organisation collective peut réduire ou amplifier nos complications personnelles.

Cette éducation s'éloignerait de l'approche purement théorique et abstraite qui caractérise souvent les cours d'éducation civique traditionnels. Elle s'ancrerait plutôt dans l'expérience concrète des "emmerdes" quotidiennes et de leur dimension systémique : comment une rue mal conçue génère mécaniquement des conflits entre usagers ; comment un formulaire administratif mal pensé produit inévitablement des erreurs et des frustrations ; comment une règle sociale implicite mais non explicitée crée des malentendus prévisibles...

Plus fondamentalement, cette éducation civique renouvelée intégrerait ce que le sociologue Norbert Elias appelait le "processus de civilisation" — cette intériorisation progressive de normes qui permettent la coexistence harmonieuse dans des environnements sociaux denses et complexes. Car au fond, une grande partie de nos "emmerdes" collectives résulte précisément de la fragilisation de ce processus : quand l'anticipation des conséquences de ses actes pour autrui cesse d'être une seconde nature, les complications se multiplient mécaniquement pour tous.

Certaines expériences pédagogiques internationales vont déjà dans ce sens, comme les approches scandinaves d'"éducation à la vie quotidienne" qui intègrent explicitement l'apprentissage de la prévoyance pratique, ou encore les modèles japonais d'implication des élèves dans la maintenance préventive de leur environnement scolaire. Ces approches, sans être directement transposables dans d'autres contextes culturels, offrent néanmoins des pistes inspirantes pour une éducation qui ferait de la prévoyance citoyenne non pas un supplément d'âme moralisateur, mais une compétence fondamentale explicitement cultivée.

C. Vers une culture de la lucidité bienveillante

Acceptation des limites sans résignation : une position équilibrée

Au terme de ce parcours, une question fondamentale se pose : comment cultivons-nous collectivement ce qu'on pourrait appeler une "lucidité bienveillante" — cette capacité à voir clairement les sources de nos complications évitables, sans sombrer ni dans le contrôle obsessionnel ni dans la résignation fataliste ?

Car c'est bien dans cet équilibre subtil que réside l'essence d'une "politique de la moindre emmerde" bien comprise : ni la prétention illusoire à une existence parfaitement fluide, ni l'acceptation passive des complications évitables comme "faisant partie de la vie". Une lucidité qui reconnaît les limites de notre pouvoir préventif, sans pour autant renoncer à l'exercer là où il est effectif.

Cette position équilibrée pourrait s'inspirer de ce que les philosophes stoïciens nommaient déjà l'"*amor fati*" — non pas l'amour naïf du destin qui glorifierait la souffrance évitable, mais cette acceptation active qui distingue soigneusement ce que nous pouvons changer et ce que nous ne pouvons pas, pour agir pleinement sur le premier domaine tout en accueillant sereinement le second.

Concrètement, cette lucidité bienveillante se manifeste dans un rapport au monde qui pourrait se résumer ainsi : planifier sans s'illusionner, anticiper sans s'angoisser, accepter sans se résigner. Elle se reconnaît à cette capacité à rire de ses propres "emmerdes" sans pour autant renoncer à en tirer les leçons préventives pour l'avenir. À cette faculté de naviguer entre l'hypercontrôle anxieux et la négligence désinvolte, en maintenant cette conscience éveillée mais détendue qui caractérise les virtuoses de toute pratique.

Car c'est bien d'une forme de virtuosité qu'il s'agit — non pas innée mais cultivée, non pas élitiste mais accessible à quiconque y consacre une attention régulière. Comme le musicien qui, à force de pratique, intègre si profondément sa technique qu'elle devient une seconde nature lui permettant de se concentrer sur l'expression plutôt que sur la mécanique, le praticien avancé de la "moindre emmerde" a intériorisé les réflexes préventifs au point qu'ils ne représentent plus un effort conscient, libérant ainsi son attention pour l'essentiel.

Transmission intergénérationnelle renouvelée : que léguer aux générations futures ?

Cette sagesse pratique, si elle se cultive individuellement, se transmet également d'une génération à l'autre — non comme un corpus figé de recettes, mais comme une posture fondamentale face à l'existence et ses complexités.

Notre époque présente cependant un paradoxe en matière de transmission : jamais nous n'avons disposé d'autant d'outils pour partager les connaissances (tutoriels en ligne, forums d'entraide, applications dédiées...), et pourtant, certaines sagesses pratiques fondamentales semblent se diluer dans le flot d'informations, ou se fragmenter en "hacks" déconnectés de toute vision cohérente de l'existence.

Une transmission intergénérationnelle renouvelée de cette "politique de la moindre emmerde" ne consisterait donc pas simplement à communiquer des astuces isolées (comment organiser son temps, gérer ses papiers ou entretenir sa voiture), mais à partager une posture existentielle plus profonde — cette attention préventive qui s'exerce spontanément dans tous les domaines de la vie.

Cette transmission ne passe pas nécessairement par des leçons formelles, mais souvent par l'exemple vécu et commenté : l'adulte qui explicite le pourquoi de ses routines préventives, qui partage ouvertement ses erreurs et les leçons qu'il en tire, qui rend visible sa façon d'anticiper les complications potentielles sans en faire une obsession... Ces modelages discrets mais constants façonnent bien plus puissamment les habitudes mentales des plus jeunes que toutes les injonctions abstraites à "penser aux conséquences".

Certaines pratiques culturelles traditionnelles offraient d'ailleurs des cadres particulièrement propices à cette transmission : le compagnonnage artisanal où le geste préventif s'apprend par imprégnation quotidienne, les récits populaires où les conséquences de l'imprévoyance sont mises en scène de façon mémorable, les proverbes qui condensent en formules frappantes la sagesse préventive accumulée... Réinventer des équivalents contemporains de ces vecteurs de transmission représente peut-être l'un des défis culturels les plus importants pour pérenniser cette sagesse pratique.

La prévoyance dans la sagesse populaire

Récits traditionnels illustrant les conséquences de l'imprévoyance :

- **La cigale et la fourmi** - La cigale insouciante se retrouve démunie face à l'hiver qu'elle n'a pas anticipé
- **Les trois petits cochons** - Seul le cochon ayant construit une maison solide échappe au loup
- **Le pot au lait (Perrette)** - La projection excessive dans un futur non assuré conduit à tout perdre
- **L'apprenti sorcier** - Déclencher des forces qu'on ne sait pas maîtriser mène au désastre

Proverbes condensant la sagesse préventive :

- "Un homme averti en vaut deux"
- "Mieux vaut prévenir que guérir"
- "Qui veut voyager loin ménage sa monture"

- "Pour un clou, le fer fut perdu; pour un fer, le cheval fut perdu..." - La petite négligence aux grandes conséquences
- "Ne remets pas à demain ce que tu peux faire aujourd'hui"
- "Gouverner, c'est prévoir"

Car ce que nous léguons aux générations futures, ce n'est pas seulement un état du monde (plus ou moins encombré des conséquences de nos imprévoyances collectives), mais aussi et surtout une manière d'habiter ce monde — plus ou moins consciente des enchaînements causaux, plus ou moins attentive aux signaux faibles, plus ou moins capable d'anticiper plutôt que de simplement réagir.

Esthétique de la simplicité : le beau comme ce qui fonctionne harmonieusement

Notre exploration ne serait pas complète sans évoquer la dimension proprement esthétique d'une "politique de la moindre emmerde" bien comprise. Car il existe une beauté spécifique dans ce qui fonctionne harmonieusement, sans heurts ni complications inutiles — une élégance de la simplicité efficace que de nombreuses traditions culturelles ont valorisée.

On pense à l'esthétique japonaise du "shibui", qui célèbre la beauté simple, subtile et sans ostentation des objets parfaitement adaptés à leur fonction. Ou au concept scandinave de "lagom" — cette juste mesure qui n'est ni excès ni insuffisance, mais équilibre optimal. Ou encore à la notion française de "souplesse" qui, au-delà de son sens physique, évoque cette capacité à naviguer avec fluidité dans les contraintes plutôt que de s'y heurter frontalement.

Cette esthétique de la simplicité ne se confond pas avec le simplisme ou l'austérité. Elle peut intégrer une grande sophistication, mais une sophistication qui vise l'élimination des frictions inutiles plutôt que l'accumulation des fioritures. Comme le remarquait Saint-Exupéry : "La perfection est atteinte, non pas lorsqu'il n'y a plus rien à ajouter, mais lorsqu'il n'y a plus rien à retrancher."

Dans notre contexte contemporain, cette esthétique trouve des échos dans des mouvements comme le design minimaliste, l'architecture fonctionnaliste ou encore la mode dite "intemporelle" — autant d'approches qui privilégient la durabilité élégante sur l'effet spectaculaire mais éphémère, la fonctionnalité harmonieuse sur la complexité gratuite.

Au-delà des objets et des espaces, cette esthétique s'applique également aux processus et aux organisations. Il y a une beauté propre dans un système bien conçu qui accomplit sa fonction sans générer de frictions parasites — qu'il s'agisse d'une interface numérique intuitive, d'une procédure administrative fluide ou d'une organisation sociale qui facilite la coopération sans la sur-structurer.

Cultiver cette sensibilité esthétique à la simplicité fonctionnelle n'est pas un luxe superflu, mais peut-être l'une des boussoles les plus fiables pour orienter notre "politique de la moindre emmerde" vers son expression la plus haute : non pas simplement éviter les problèmes, mais créer activement des îlots d'harmonie fonctionnelle dans un monde trop souvent encombré de complications gratuites.

── ── ── ── ── ── ──

Sources et références

Elias, N. (1939/1973). *"La Civilisation des mœurs"*. Calmann-Lévy. L'auteur y développe le concept de "processus de civilisation" comme intériorisation progressive des normes sociales permettant la coexistence dans des sociétés complexes.

Hadot, P. (1995). *"Qu'est-ce que la philosophie antique ?"*. Gallimard. Une exploration des pratiques philosophiques antiques, notamment stoïciennes, comme exercices spirituels visant la transformation du rapport au monde.

Illich, I. (1973). *"La Convivialité"*. Seuil. L'ouvrage développe le concept d'outils "conviviaux" qui augmentent l'autonomie des utilisateurs plutôt que d'induire de nouvelles dépendances.

Jonas, H. (1979). *"Le Principe responsabilité"*. Flammarion. L'auteur y développe une éthique de la responsabilité à long terme, particulièrement attentive aux conséquences futures de nos actions présentes.

Rosa, H. (2010). *"Accélération : Une critique sociale du temps"*. La Découverte. Une analyse de l'accélération comme caractéristique fondamentale de la modernité tardive et de ses conséquences sur notre rapport au temps.

Saint-Exupéry, A. (1939). *"Terre des hommes"*. Gallimard. La citation sur la perfection comme absence de superflu y apparaît dans le contexte d'une réflexion sur la conception d'avions.

Tronto, J. (2009). *"Un monde vulnérable : Pour une politique du care"*. La Découverte. Une exploration philosophique de l'éthique du soin comme dimension fondamentale de toute existence sociale.

Conclusion : Au-delà de l'évitement, une éthique de la fluidité consciente

Au terme de ce parcours à travers les méandres de la **"politique de la moindre emmerde"**, un constat s'impose : ce qui pouvait sembler, de prime abord, relever d'une simple sagesse pratique, voire d'une forme d'opportunisme quotidien, révèle en réalité des dimensions bien plus profondes, touchant à notre rapport au temps, aux autres et au monde.

Nous avons exploré l'anatomie de ces complications évitables qui jalonnent nos existences, identifié leurs sources multiples — tant dans nos biais cognitifs que dans nos structures sociales —, et cartographié leurs typologies variées. Cette première étape nous a permis de comprendre que l'"*emmerde*" n'est pas une fatalité abstraite, mais un phénomène ancré dans des mécanismes identifiables et, souvent, modifiables.

Nous avons ensuite esquissé les contours d'un art de la prévoyance raisonnée, qui ne se confond ni avec l'anxiété paralysante du control freak, ni avec l'insouciance du "ça ira bien". Cet art subtil, fait de principes fondamentaux et d'applications contextualisées, nous apparaît désormais comme une compétence à cultiver dans toutes les sphères de notre existence — personnelle, professionnelle, citoyenne.

Conscients des limites inhérentes à toute entreprise préventive, nous avons confronté cette approche à ses paradoxes et à ses frontières, pour éviter les écueils d'une "politique de la moindre emmerde" mal comprise : celle qui, par peur excessive des complications, nous priverait des difficultés fécondes, des rencontres transformatrices, des défis qui nous construisent. Cette dialectique nous a conduits vers une sagesse plus intégrée, qui distingue avec discernement les complications stériles des difficultés nécessaires.

Enfin, nous avons élargi notre perspective pour explorer les horizons philosophiques, politiques et culturels de cette approche, découvrant qu'elle ouvre potentiellement sur une transformation plus profonde de notre rapport au monde — plus attentif, plus préventif, plus lucide sur les enchaînements causaux qui tissent nos vies individuelles et collectives.

Au-delà des malentendus possibles — non, il ne s'agit pas de prôner une vie aseptisée, dénuée de toute friction ; non, il ne s'agit pas de fuir les responsabilités ou les engagements sous prétexte qu'ils pourraient "compliquer" notre existence — une *"politique de la moindre emmerde"* bien comprise s'apparente à ce qu'on pourrait nommer une éthique de la fluidité consciente.

Cette éthique reconnaît que certaines frictions sont inévitables, d'autres nécessaires, d'autres encore précieuses

— mais que bon nombre de complications qui encombrent nos vies résultent de négligences, d'impensés ou de mécanismes dysfonctionnels que nous avons le pouvoir, collectivement et individuellement, de transformer.

Elle nous invite à cultiver cette forme particulière d'intelligence pratique qui perçoit les enchaînements causaux avant qu'ils ne se cristallisent en problèmes, cette attention préventive qui agit doucement en amont plutôt que brutalement en aval, cette conscience élargie qui intègre dans son présent les conséquences futures de ses choix actuels.

La "politique de la moindre emmerde" devient ainsi, paradoxalement, une politique du plus grand soin — envers soi-même, envers les autres, envers le monde que nous habitons et qui nous habite. Non pas pour installer une illusoire "vie sans problèmes", mais pour libérer l'énergie précieuse de nos existences finies des complications parfaitement évitables, et la consacrer à ce qui, vraiment, mérite notre attention, notre effort et notre temps.

Car au fond, la question "pourquoi se créer des problèmes évitables ?" en dissimule une autre, plus fondamentale encore : "à quoi voulons-nous consacrer l'énergie ainsi préservée ?". Loin d'être une fin en soi, l'évitement des complications inutiles n'est que le moyen d'une aspiration plus haute : celle d'une existence où notre vitalité limitée s'investit dans ce qui compte vraiment pour nous, désencombrée du bruit de fond des "emmerdes" qui n'ont d'autre justification que notre inattention.

En dernière analyse, cette approche nous rappelle une vérité simple mais profonde : la qualité de nos vies ne se mesure pas tant aux problèmes que nous rencontrons qu'à ceux que nous choisissons d'affronter. Se libérer des complications évitables, c'est se donner la possibilité de choisir ses luttes, ses défis, ses engagements — c'est passer d'une posture réactive, où l'on subit ce qui aurait pu être évité, à une posture proactive, où l'on affronte délibérément ce qui mérite de l'être.

Ainsi comprise, la "politique de la moindre emmerde" n'est pas une fuite du réel, mais une manière plus lucide et plus consciente de l'habiter — non pour s'en préserver dans une bulle illusoire, mais pour s'y engager avec plus de discernement, de sérénité et finalement, de profondeur.

Sources et références

L'expression "*éthique de la fluidité consciente*" s'inspire en partie des travaux de **Mihaly Csikszentmihalyi** sur le concept de "flow" (flux), cet état optimal d'expérience où l'engagement dans une activité significative s'effectue sans friction inutile. Voir notamment "*Flow: The Psychology of Optimal Experience*" (1990).

La distinction entre "complications stériles" et "difficultés fécondes" fait écho aux réflexions de **Gaston Bachelard** sur les "obstacles épistémologiques" qui, une fois surmontés, deviennent des sources de progrès intellectuel. Voir "*La Formation de l'esprit scientifique*" (1938).

L'idée que "la qualité de nos vies ne se mesure pas tant aux problèmes que nous rencontrons qu'à ceux que nous choisissons d'affronter" s'inspire librement de la perspective existentialiste, notamment des réflexions de **Jean-Paul Sartre** sur la liberté comme capacité à choisir nos engagements, développées dans "*L'Être et le Néant*" (1943).

Annexe : Les GBS (Gros Bon Sens)

Introduction

La réflexion théorique a ses vertus, mais rien ne vaut la condensation d'une idée en une **formule percutante** pour qu'elle nous accompagne au quotidien. Ces "**GBS**" (Gros Bon Sens) sont à la "politique de la moindre emmerde" ce que les proverbes étaient à la sagesse traditionnelle : des principes simples mais puissants, formulés de façon mémorable pour servir de **boussole** dans les méandres de nos vies contemporaines.

Ni recettes magiques, ni injonctions moralisatrices, ces maximes invitent plutôt à ce moment de recul et de lucidité qui fait souvent toute la différence entre une complication évitable et une situation fluide. Elles peuvent être lues comme des pense-bêtes, des mantras préventifs ou des déclencheurs de cette attention élargie que nous avons explorée tout au long de cet essai.

Classées par domaines d'application, ces **punchlines** constituent en quelque sorte le "starter pack" d'une hygiène mentale et pratique orientée vers la prévention des complications inutiles. À utiliser sans aucune modération, à partager librement, et surtout, **à enrichir de vos propres formulations** issues de votre expérience personnelle de ce qui complique inutilement – ou simplifie judicieusement – le cours de l'existence.

Série GBS - Volume 1

1. Vie personnelle & mentale

Simplifier, choisir, assumer, prévenir

1. "Quand tu ne choisis pas, tu subis."
2. "Le bazar commence dans la tête."
3. "Mieux vaut un petit non franc qu'un grand oui flou."
4. "Courir après tout, c'est souvent n'attraper rien."
5. "Celui qui fuit l'inconfort récolte la surcharge."
6. "La lucidité pique, mais elle soigne."
7. "Une routine bien posée évite bien des naufrages."
8. "Quand tu sais ce que tu veux, le reste fait moins de bruit."
9. "Le temps que tu prends pour t'organiser, c'est du futur récupéré."
10. "L'esprit encombré rend toute vie bordélique."
11.
12.
13.
14.
15.
16.
17.
18.
19.
20.

2. Travail, entreprise, efficacité

Surcharge, management, performance réelle

1. "Une réunion sans but est une heure d'emmerdes en avance."
2. "Le bruit d'activité n'est pas un signe de progrès."
3. "Trop d'outils tuent l'action."
4. "Quand tout est urgent, plus rien n'est important."
5. "Mieux vaut une tâche bien faite qu'un agenda qui déborde."
6. "Le mail envoyé pour rien revient souvent avec un problème dedans."
7. "On ne motive pas avec du stress, mais avec du sens."
8. "Un chef flou rend ses équipes floues."
9. "Simplifier, c'est travailler mieux, pas moins."
10. "Le burn-out, c'est le corps qui démissionne avant toi."
11.
12.
13.
14.
15.
16.
17.
18.
19.
20.

3. Politique, société, institutions

Décision publique, responsabilité, cohérence

1. *"La réforme pensée à moitié coûte deux fois plus."*
2. *"Quand l'intérêt général se perd dans les sondages, l'emmerde est nationale."*
3. *"La crise permanente, c'est souvent une mauvaise habitude."*
4. *"Gouverner, ce n'est pas colmater, c'est prévoir."*
5. *"Quand tout devient symbole, plus rien n'est concret."*
6. *"Un problème ignoré devient un scandale programmé."*
7. *"Les lois précipitées font les problèmes prolongés."*
8. *"La transparence, c'est du bon sens en politique."*
9. *"Promettre sans penser, c'est semer des emmerdes à retardement."*
10. *"L'urgence sert trop souvent d'excuse à l'impréparation."*
11.
12.
13.
14.
15.
16.
17.
18.
19.
20.

4. Éducation, apprentissage, jeunesse

Transmission, discernement, autonomie

1. *"Apprendre à penser, c'est éviter bien des galères."*
2. *"Un enfant qu'on forme au recul deviendra un adulte debout."*
3. *"Trop d'infos, pas assez de réflexion = jeunesse en apnée."*
4. *"On prépare le monde de demain avec des cerveaux clairs, pas pleins."*
5. *"L'école devrait aussi apprendre à simplifier."*
6. *"Savoir dire non, ça s'apprend avant de devoir crier."*
7. *"L'autonomie, c'est le luxe qu'on construit dès l'enfance."*
8. *"Un bon sens bien enseigné évite des années de rattrapage."*
9. *"Réfléchir avant d'agir devrait être noté au bac."*
10. *"Le discernement, c'est l'arme anti-emmerde par excellence."*
11.
12.
13.
14.
15.
16.
17.
18.
19.
20.

Notes personnelles

Notes personnelles

Notes personnelles

Notes personnelles

Notes personnelles